BEI GRIN MACHT SICH IHR WISSEN BEZAHLT

- Wir veröffentlichen Ihre Hausarbeit,
  Bachelor- und Masterarbeit

- Ihr eigenes eBook und Buch -
  weltweit in allen wichtigen Shops

- Verdienen Sie an jedem Verkauf

Jetzt bei www.GRIN.com hochladen
und kostenlos publizieren

Bibliografische Information der Deutschen Nationalbibliothek:

Die Deutsche Bibliothek verzeichnet diese Publikation in der Deutschen National-
bibliografie; detaillierte bibliografische Daten sind im Internet über http://dnb.d-
nb.de/ abrufbar.

Impressum:

Copyright © 2009 GRIN Verlag, Open Publishing GmbH
Druck und Bindung: Books on Demand GmbH, Norderstedt Germany
ISBN: 9783640720750

Dieses Buch bei GRIN:

http://www.grin.com/de/e-book/154886/syntaxgerichtete-uebersetzung-und-
typueberpruefung-bei-computern

Marco Castillo

Syntaxgerichtete Übersetzung und Typüberprüfung bei Computern

GRIN Verlag

GRIN - Your knowledge has value

Der GRIN Verlag publiziert seit 1998 wissenschaftliche Arbeiten von Studenten, Hochschullehrern und anderen Akademikern als eBook und gedrucktes Buch. Die Verlagswebsite www.grin.com ist die ideale Plattform zur Veröffentlichung von Hausarbeiten, Abschlussarbeiten, wissenschaftlichen Aufsätzen, Dissertationen und Fachbüchern.

Besuchen Sie uns im Internet:

http://www.grin.com/

http://www.facebook.com/grincom

http://www.twitter.com/grin_com

Ausarbeitung

Syntaxgerichtete Übersetzung und Typüberprüfung

im Rahmen des Seminars: Übersetzung von künstlichen Sprachen

Marco A. Castillo

Institut für Wirtschaftsinformatik
Praktische Informatik in der Wirtschaft

Inhaltsverzeichnis

1 Von der Quellsprache zur Zielmaschine 3

2 Syntaxgerichtete Übersetzung 5

   2.1 Syntaxgerichtete Definition 6

   2.2 Auswertungsreihenfolge für syntaxgerichtete Definitionen 7

   2.3 Verfahren zur syntaxgerichteten Übersetzung 9

   2.4 Implementierung von L-attributierten syntaxgerichteten Definitionen............12

3 Typüberprüfung 16

   3.1 Typsysteme 17

   3.2 Regeln für die Typüberprüfung 18

   3.3 Spezifikation eines einfachen Typüberprüfers 20

4 Zusammenfassung 23

Literaturverzeichnis 25

1 Von der Quellsprache zur Zielmaschine

Jegliche Software bzw. Computerprogramme auf unseren Computer werden in einer Programmiersprache geschrieben. Die Programmiersprachen spezifizieren den Ablauf von Rechenprozessen. Bevor ein Programm laufen kann, muss die Quellsprache sinngemäß in eine Befehlsfolge übersetzt werden, damit es vom Computer ausgeführt werden kann. Die Computerprogramme, die diese Übersetzung durchführen, werden Compiler genannt. Ein Compiler übersetzt - weshalb es auch Übersetzer genannt wird - ein in einer Quellsprache geschriebenes Programm in gleichbedeutende Sätze einer Zielsprache, das Zielprogramm. [ALSU07, S. 2] Der Bereich des Compilerbaus, also die Programmierung eines Compilers, hat eine lange Tradition in der Informatik. Es ist eine eigenständige Disziplin innerhalb der Informatik und gilt als das älteste Gebiet der praktischen Informatik. Ihre Grundlagen gehen auf die Automatentheorie und die formalen Sprachen zurück. [BH98, S. 3]

Die Übersetzung erfolgt in einer Folge von Phasen, die jeweils verschiedene Teilaufgaben des Compilers übernehmen. Jede Phase verwandelt das zu übersetzende Programm von einer Darstellungsform in eine andere. Abb. 1.1 stellt die Übersetzungsphasen im Überblick dar. [GE99, S. 3] Im Wesentlichen lassen sich zwei Hauptphasen unterscheiden, die Analysephase und die Synthesephase. Die Analysephase zerlegt den Quelltext in seine Bestandteile und gibt ihm eine grammatische Struktur. Anhand des analysierten Quelltexts wird einen attribuierten Syntaxbaum erzeugt. Diese Zwischendarstellung wird zusammen mit einer Symboltabelle, in welcher Informationen über den Quelltext gesammelt werden, der Synthesephase übergeben. Bei der Synthese wird aus der Zwischendarstellung und den Informationen in der Symboltabelle das gewünschte Zielprogramm erzeugt. Der Teil des Compilers, der sich mit der Analyse, Strukturierung und Fehlerüberprüfung befasst, wird oft als Front-End bezeichnet, und der für die Synthese zuständige Teil ist als Back-End bekannt. [ALSU07, S. 2]

In dieser Arbeit wird der Fokus auf den Front-End Bereich gesetzt, vor allem auf die syntaktische und die semantische Analyse. Schwerpunkt der Arbeit ist die syntaxgerichtete Übersetzung, die im Kapitel 2 ausführlich erläutert wird. Die Übersetzungstechniken, die im 2. Kapitel besprochen werden, werden zur Durführung

3

der Typüberprüfung im Kapitel 3 benützt. Die Arbeit wird mit einer Zusammenfassung abgeschlossen.

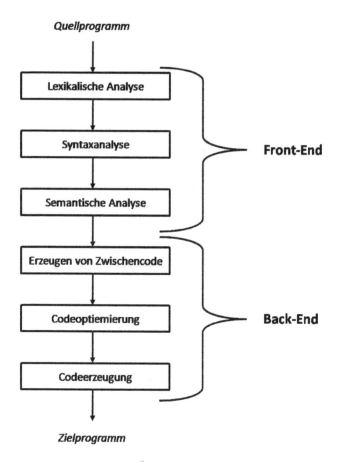

Abb. 1.1: Übersetzungsphasen [GE99, S. 4]

2 Syntaxgerichtete Übersetzung

Durch die Techniken und Methoden der lexikalischen Analyse und der Syntaxanalyse ist der Compiler in der Lage, für eine gegebene Eingabezeichenfolge der Quellsprache einen Ableitungsbaum (Parse-Baum) zu erzeugen. Der nächste Schritt wäre aus dem vorliegenden Ableitungsbaum Programme der Zielsprache der Übersetzung zu konstruieren. Ein anderer möglicher Schritt ist die syntaxgerichtete Übersetzung, die den Gedanke der Übersetzung von Sprachen anhand kontextfreier Grammatiken fortführt. [ALSU07, S. 364]

Die syntaxgerichtete Übersetzung (auch als syntaxgesteuerte Übersetzung bekannt) verfolgt den Ansatz, einen Parse-Baum zu generieren und anschließend die Werte der Attribute an den Knoten des Baumes zu berechnen, indem diese Knoten aufgesucht werden. Der Ablauf einer syntaxgerichteten Übersetzung wird in Abb. 2.1 dargestellt. Die syntaxgerichtete Übersetzung ist eine Technik, deren formale Grundlage die attributierten Grammatiken bildet, die ihrerseits ermöglichen, semantische Regeln mit Produktionen zu verbinden. [GE99, S. 121] Bei der attributierten Grammatik werden Informationen mit einem Programmiersprachenkonstrukt verbunden, indem an die Grammatiksymbole, die diese Konstrukte repräsentieren, Attribute angeheftet werden. Die Menge an Attributen dient als Informationsbehälter. Die Werte für die Attribute werden durch semantische Regeln berechnet, die mit Grammatikproduktionen in Verbindung gesetzt werden. [WM97, S. 424]

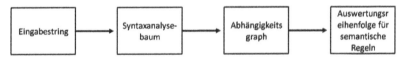

Abb. 2.1: Konzeptuelle Sicht der syntaxgerichteten Übersetzung [ALSU86, S. 341]

In diesem Kapitel werden zwei verschiedene Notationen erläutert, die es ermöglichen, semantische Regeln mit Produktionen zu verbinden - die syntaxgerichtete Definition und die Übersetzungsschemata. Es werden auch die Fälle behandelt, in denen der Ableitungsbaum nicht erst komplett aufgebaut und dann mit der Übersetzung begonnen wird; sondern die Übersetzungsschritte werden durchgeführt, sobald Teilstrukturen des Ableitungsbaums erkannt werden. Übersetzungsschritte werden mit der Analyse verzahnt. Es handelt sich um die Klasse der L-attributierten Übersetzungen, d. h. alle

Übersetzungen, die ohne explizierte Erstellung eines Syntaxanalysebaumes ausgeführt werden können.

2.1 Syntaxgerichtete Definition

Eine syntaxgerichtete Definition ist im Wesentlichen ein Formalismus zur Beschreibung von Übersetzungen programmiersprachlicher Konstrukte. Sie entspricht einer kontextfreien Grammatik mit Attributmengen für jedes Grammatiksymbol und Semantikregel für jede Grammatikregel. Eine kontextfreie Grammatik stellt ein formales System von Ersetzungsregeln dar. Diese Regeln erklären, wie bestimmte Folgen von Symbolen als Sätze der so definierten Sprache erzeugt werden können. [UK90, S. 70] Attribute können Beliebiges repräsentieren, zum Beispiel Zahlen, Typen, einen Speicherplatz oder Strings und werden durch Semantikregeln berechnet, die mit den Grammatikregeln assoziiert werden. In der Abb. 2.2 wird eine syntaxgerichtete Definition eines einfachen Taschenrechners dargestellt. [ALSU86, S. 341]

Produktion	Semantikregel
L → E n	print(E.val)
E → E_1 + T	E.val:=E_1.val + T.val
E → T	E.val:=T.val
T → T_1 * F	T.val:=T_1.val x F.val
T → F	T.val:=F.val
F → (E)	F.val:=E.val
F → **digit**	F.val:=digit.lexval

Abb. 2.2: Syntaxgerichtete Definition eines einfachen Taschenrechners
[ALSU86, S. 342]

Die Attribute für Nichtterminale sind in zwei Untermengen aufgeteilt - synthetisierte und ererbte Attribute. Der Unterschied zwischen den beiden Mengen ist die Abhängigkeit der Attribute bzw. die Auswertungsreihenfolge derselben. Im Falle der synthetisierten Attribute hängt der berechnete Wert nur vom Nachfolgeknoten im Parse-Baum ab. Abhängig davon muss die Reihenfolge, in der die Attributwerte berechnet werden, mit der Reihenfolge beim Aufbau bzw. Durchlauf des Parse-Baumes zusammenpassen. Das heißt, synthetisierte Attribute werden innerhalb eines Parse-Baumes bewertet, indem die Semantikregeln für die Attribute an jedem Knoten von unten nach oben, also von den Blättern zu Wurzel, ausgewertet werden. Die Werte von ererbten Attributen hängen von den Vorgänger und den Geschwister ab. Ererbte

6

Attribute sind nützlich, um an ein Symbol geheftete Informationen aus dem Kontext, in dem es auftritt, übertragen zu können. [WM97, S. 425]

2.2 Auswertungsreihenfolge für syntaxgerichtete Definitionen

Abhängigkeitsgraph

Ein Abhängigkeitsgraph ist eine Erweiterung eines kommentierten Parse-Baumes. Ein kommentierter Parse-Baum zeigt nur die Werte der Attribute. Darüber hinaus zeigt der Abhängigkeitsgraph wie diese Werte zu berechnen sind, indem er die Auswertungsreihenfolge für die Attributinstanzen eines gegebenen Parse-Baumes darstellt.

In der Abb. 2.3 wird einen Abhängigkeitsgraph für den Eingabestring 3*5 dargestellt. Es zeigt, wie der Informationsfluss zwischen den Attributinstanzen eines gegebenen Parse-Baumes abläuft. Eine Kante von einer Attributinstanz zu einer anderen sagt aus, dass um den zweiten Wert zu berechnen, der Wert der ersten Attributinstanz benötigt wird. Kanten drücken die durch die Semantikregeln definierten Einschränkungen aus. [ALSU07, S. 373]

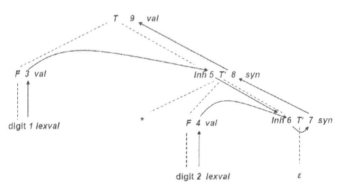

Abb. 2.3: Abhängigkeitsgraph für einen kommentierten Parse-Baum [ALSU07, S. 373]

Um aus einem Abhängigkeitsgraphen eine geeignete Reihenfolge für die Auswertung der Semantikregeln zu erhalten, ist eine topologische Sortierung nötig. Man muss die einzelnen Knoten ($n_1, ..., n_k$) in einer Reihenfolge ermitteln, so dass für jede Kante (n_i, n_j) im Graphen i<=j gilt. Um eine topologische Sortierung durchzuführen, sind verschiedene Methoden denkbar, beispielsweise die Syntaxbaummethode, die regelbasierte Methode und die unbewusste Methode. Charakteristisch für die Syntaxbaummethode ist zum Beispiel ihre explizite topologische Sortierung. Jede dieser Methoden liefert eine korrekte Reihenfolge, in der die Semantikregeln, die mit den Knoten eines Parse-Baumes in Verbindung gesetzt werden, ausgewertet werden können. Die Auswertung der Semantikregeln in dieser Reihenfolge ergibt die Übersetzung eines Eingabestrings. Voraussetzung hierfür ist, dass der gegebene Graph azyklisch ist. [GE99, S. 124]

Ein Abhängigkeitsgraph wird wie im folgenden Algorithmen dargestellt implementiert:

```
for jeden Knoten n im Parse-Baum do
    for jedes Attribut a des Grammatiksymbols bei n do
        konstruiere im Abhängigkeitsgraphen einen Knoten
        für a;
for jeden Knoten n im Parse-Baum do
    for jede Semantikregel b:=f(c1,c2,…,ck), die mit der
    n benutzten Produktion assoziiert ist do
        for i:= 1 to k do
            konstruiere eine Kante vom Knoten für
            ci
            zum Knoten für b;
```

S-attributierte Definitionen

Da Abhängigkeitsgraphen nur im Fall eines azyklischen Graphen zur Auswertung benutzt werden können, werden oft in der Praxis die Klassen der S-attributierten Definitionen benützt, denn sie lassen keine Abhängigkeitsgraphen mit zirkulären Bezügen zu und versichern damit eine Auswertungsreihenfolge. Eine syntaxgerichtete Definition ist S-attributiert, wenn ausschließlich synthetisierte Attribute benutzt werden. Bei einer S-attributierten Definition können ihre Attribute in jeder möglichen Botton-Up-Reihenfolge der Knoten des Parse-Baumes ausgewertet werden. Aus dem Grund der Einfachheit wird der Postorder-Durchlauf besonders oft durchgeführt. Eine mögliche Interpretationsform des Postorder-Durchlaufs ist hier zu sehen:

```
postorder (N) {
    for (jedes Kind C von N von links aus) postorder (C;
    fasse Attribute von/mit N zusammen;
    }
```

Ein Vorteil der S-attributierten Definition ist, dass sie während der Botton-Up-Syntaxanalyse implementiert werden kann, da diese ja einem Postorder-Durchlauf entspricht. [ALSU86, S. 359]

L-attributierte Definitionen

Eine syntaxgesteuerte Definition ist L-attributiert, wenn zwischen den mit den Produktionen verbundenen Attributen die Kanten im Abhängigkeitsgraphen ausschließlich von links nach rechts verlaufen können. Eine Besonderheit der L-attributierten Definition ist, dass die Übersetzung während der Syntaxanalyse durchgeführt werden kann, so dass der Parse-Baum nicht aufgebaut werden muss und nur implizit existiert. Findet die Übersetzung gleichzeitig mit der Syntaxanalyse statt, so ist die Reihenfolge der Auswertung der Attribute mit der Reihenfolge verbunden, in der die Knoten eines Parse-Baums anhand der Syntaxanalysemethode erzeugt wurden. Die Attribute innerhalb einer L-attribuierten Definition können synthetisiert oder ererbt sein, wobei im Falle von ererbten Attributen stränge Einschränkungen zu berücksichtigen sind. Ererbte Attribute an einem Knoten eines Parse-Baumes können nur von ererbten Attributen seines Vorgängers und von Attributen seiner Geschwister auf seiner linken Seite angehängt werden. Die Attribute können immer in einer Tiefensuche-Topologie ausgewertet werden. Hier wird die Implementierung als eine Depth-First-Reihenfolge betrachtet. Die Menge der L-attributierten Definitionen beinhaltet alle syntaxgerichteten Definitionen über LL(1)-Grammatiken und viele syntaxgerichtete Definitionen über LR(1)-Grammatiken. [GE99, S. 125]

```
dfvisit (N) {
    for (jeden Nachfolger M von N von links nach rechts)
            werte ererbte Attribute aus;
            dfvisit (M);
    werte die synthetisierten Attribute von N aus;
    }
```

2.3 Verfahren zur syntaxgerichteten Übersetzung

Wie am Anfang des Kapitels erwähnt, gibt es zwei Notationen, um Semantikregeln mit Produktionen zu verbinden. Die syntaxgerichtete Definition wurde bereits in den letzten Kapiteln besprochen. An der Stelle der syntaxgerichteten Definition tritt nun ein Übersetzungsschema auf. Ein syntaxgerichtetes Übersetzungsschema besteht aus einer kontextfreien Grammatik, den Attributen für Grammatiksymbole und den Produktionen mit integrierten semantischen Aktionen. Semantische Aktionen sind Programmfragmente, die in den Produktionsrümpfen eingebettet sind und dort an jeder Stelle stehen können. Ihre Position innerhalb eines Produktionsrumpfes legt die

9

Reihenfolge fest, in der die Aktionen durchgeführt werden. Die Aktion wird unmittelbar ausgeführt, nachdem alle Symbole auf ihrer linken Seite bearbeitet worden sind. Die semantischen Aktionen werden mit geschweiften Klammern gekennzeichnet; falls Klammern als Grammatiksymbole benötigt werden, werden diese mit Anführungszeichen gekennzeichnet. Die syntaxgerichteten Übersetzungsschemas fungieren auf einer relativ niedrigeren Spezifikationsebene, auf der die Ausführung der Semantikregeln festgelegt ist, daher ist es möglich weitere Implementierungsdetails auszudrücken. In der Abb. 2.4 ist ein direkter Vergleich zwischen einer syntaxgerichteten Definition und einem Übersetzungsschema zu sehen. [ALSU86, S. 365]

Oft werden syntaxgerichtete Übersetzungen beim Parsing implementiert, das heißt ohne einen Parse-Baum wirklich aufzubauen. Falls ein Parse-Baum aufgebaut wird, werden die Aktionen in einer von links nach rechts verlaufenden Depth-First-Reihenfolge ausgeführt, also während eines Präorder- Durchlaufes.

Produktion	Regeln	Übersetzungsschema
E -> T R	R.i = T.s E.s = R.s	E -> T {R.i = T.s} R {E.s = R.s}

Abb. 2.4: Syntaxgerichtete Definition vs. Übersetzungsschema

Im folgenden Teil dieses Kapitels werden gezielt zwei wichtige Klassen von syntaxgerichteter Definition betrachtet, die durch die Verwendung von syntaxgerichteten Übersetzungen implementiert werden.

Parserstack-Implementierung von syntaxgerichteten Postfix-Übersetzung

Falls eine Grammatik einer Bottom-Up-Parsing unterzogen werden kann und gleichzeitig eine S-attributierte syntaxgerichtete Definition vorliegt, dann handelt es sich um eine syntaxgerichtete Postfix-Übersetzung. Hierbei werden syntaxgerichtete Übersetzungen generiert, bei denen jede Aktion an das Ende der Produktion gestellt wird und zusammen mit der Reduktion des Rumpfes auf den Kopf der Produktion ausgeführt wird.

10

Syntaxgerichtete Postfix-Übersetzungen können auch während der LR Parsing implementiert werden; dazu werden die Aktionen ausgeführt, sobald Reduktionen auftreten. Es handelt sich hier um eine Parserstack-Implementierung von syntaxgerichteten Postfix-Übersetzungen. Anhand einer S-attributierten Definition kann ein Parser-Generator einen Übersetzer konstruieren, der die Attribute auswertet, während er die Eingabe syntaktisch analysiert.

Der Parser benutzt einen Stack (Parserstack), um Informationen über bereits analysierte Unterbäume abzulegen. Abb. 2.5 zeigt einen Parserstack mit einem extra Feld für synthetisierte Attribute. Der Stack wird durch zwei Arrays implementiert: Zustande/Grammatiksymbol und Wert/synthetisierte Attribute bzw. *state* und *val*. Jeder Zustand ist ein Zeiger auf eine LR(1)-Syntaxanalysetabelle. Der Zusatz *top* an dem Stack zeigt die aktuelle Spitze des Stacks. Sei zum Beispiel A das i-te Zustandssymbol, so wird val[i] den Wert des Attributs enthalten, der mit dem Parser-Baumknoten verbunden ist, der diesem A entspricht. Wird A als A→ XYZ ausgewertet, so wird A berechnet, indem die Werte val[top], val[top-1] und val[top-2] benutzt werden. Der Zeiger *top* wird um 2 reduziert (A befindet sich dann dort, wo X war) und der synthetisierte Wert A.a von XYZ wird in val[top] geschrieben. [ALSU86, S. 360]

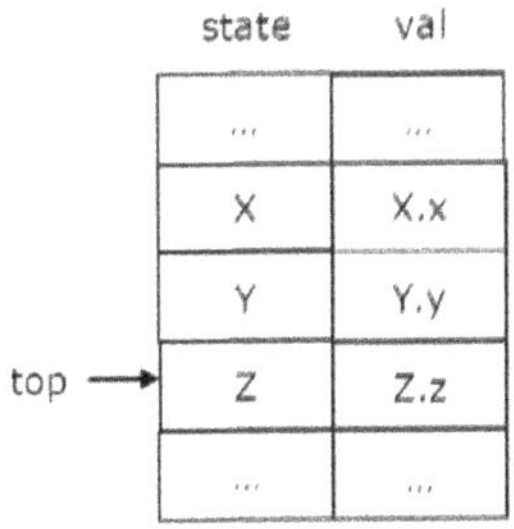

state	val
...	...
X	X.x
Y	Y.y
Z	Z.z
...	...

top →

Abb. 2.5: Ein Parserstack mit einem Feld für synthetisierte Attribute [ALSU86, S. 360]

Syntaxgerichtete Übersetzung für L-attributierte Definitionen

Im Fall der L-attributierten Definition wird die zugrunde liegende Grammatik mit einem Top-Down Parser analysiert. Hierbei wird die Definition während der prädiktiven Syntaxanalyse implementiert. Eine prädiktive Syntaxanalyse besucht die Knoten des Parse-Baumes in einer Tiefendurchlauf Reihenfolge. Da genau dieser Tiefendurchlauf, der als Basis für eine L-attributierte Definition fungiert und ein Übersetzungsschema ist,

11

kann das Übersetzungsschema direkt im Rahmen einer Top-Down Analyse implementiert werden. Voraussetzung dafür ist, dass die zugrunde liegende Grammatik vom Typ LL(1) ist. [GE99, S. 125]

Folgender Algorithmus spezifiziert die Konstruktion prädikativer Parsern, um Übersetzungsschema zu implementieren, das auf einer Top-Down Syntaxanalyse geeigneten Grammatik basiert. Ziel ist es, mit einem syntaxgesteuerten Übersetzungsschema einen Code für einen syntaxgesteuerten Übersetzer zu generieren.

1. Bilde für jedes Nichtterminal A eine Funktion, die für jedes ererbte Attribut von A einen formalen Parameter besitzt und die Werte der synthetisierten Attribute von A zurückliefert.
2. Code für das Nichtterminale A entscheidet in Abhängigkeit vom aktuellen Eingabesymbol, welche Produktion zu benutzen ist.
3. Der Code wird folgendermaßen behandelt: Betrachte von links nach rechts die Token, die Nichtterminale und die Aktionen auf der rechten Seite der Produktion.
   a. Speichere in X.x das synthetisierte Attribut für das Token X, Eingabe vorrücken
   b. Funktionsaufruf $c:=B(b_1,b_2,...,b_n)$ auf der rechten Seite (b_i ererbte Attribute von B, c synthetisierte Attribute von B) für das Nichtterminale B
   c. Code einer Aktion in Parser kopieren, Referenzen auf Attribute durch die Variablen. [ALSU86, S. 376]

2.4 Implementierung von L-attributierten syntaxgerichteten Definitionen

Viele Übersetzungsanwendungen lassen sich in der Tat mit L-attributierten Definitionen durchzuführen. Aufgrund der hohen Bedeutung dieses Verfahrens werden im folgenden Abschnitt seine möglichen Implementierungen näher betrachtet.

Implementierung einer syntaxgerichteten Übersetzung zusammen mit einem LL-Parser

Ansatz dieser Methode ist der Gedanke, dass die Attribute auf dem Parserstack gehalten werden und die Regeln sich die benötigten Attribute von den bekannten Stackpositionen holen.

Durch die Erweiterung des Parserstacks um die Speicherung von Aktionen und bestimmte Datenelemente, die für die Auswertung der Attribute notwendig sind, wird die Übersetzung während der LL-Syntaxanalyse ermöglicht. Aktionsdatensätze enthalten einen Zeiger auf ausführbaren Code (meist Auswertung von ererbten Attributen). Abgesehen von den Datensätzen zur Darstellung von Terminalen, Nichtterminalen und Aktionen, enthält der Parserstack auch Synthetisierungsdatensätze. Sie ihrerseits enthalten Anweisungen zur Synthese von Attributen und Aktionen, das heißt sie kopieren die synthetisierten Attribute in andere Datensätze weiter unten im Stack. Das Kopieren findet zwischen Datensätzen statt, die während der Nichtterminalen Expandierung angelegt werden. [LS97, S.113]

Die Verwaltung der Attribute innerhalb eines Stacks wird anhand folgender Grundprinzipien durchgeführt. Die ererbten Attribute eines Nichtterminales A werden in den Stackdatensatz positioniert, der die Nichtterminale darstellt. Über den Stackdatensatz für A ist der Code in Form eines Aktionsdatensatzes abgelegt, der zur Auswertung dieser Attribute benötigt wird. Dies ist durch die Konvertierung L-attributierter syntaxgerichteter Definitionen in syntaxgerichteten Übersetzungen sicher gestellt. Desweiteren werden die synthetisierten Attribute für ein Nichtterminal A in einen eigenen Synthetisierungsdatensatz gestellt, der sich direkt unter dem Datensatz für A auf dem Stack befindet. Abb. 2.6 stellt den Stack dar.

Abb. 2.6: Konstruktion eines Parserstacks

Die Notwendigkeit der temporären Kopien bzw. Speicherung von Attributen wird durch folgendes Beispiel verdeutlicht. Hätte zum Beispiel das Nichtterminal C ein ererbtes Attribut C.i und es würde die Funktion A → BC vorliegen, dann kann das ererbte Attribut C.i sowohl von den von A ererbten Attributen als auch von allen Attributen von B abhängen. Deshalb wird wahrscheinlich B vollständig bearbeitet bevor C.i ausgewertet werden kann. Daher werden temporäre Kopien aller zur Auswertung von C.i notwendigen Attributen in dem Aktionsdatensatz der C.i ausgewertet. Das Kopieren von Attributen verfolgt folgendes Prinzip: Alle Kopiervorgänge finden zwischen Datensätzen statt, die während der Expandierung eines Nichtterminals angelegt werden.

Aufgrund dessen ist ein Datensatz darüber informiert, wie weit unter ihm ein anderer Datensatz auf dem Stack liegt. [ALSU07, S. 373]

Mit Hilfe der Abb. 2.7 wird die Implementierung von ererbten Attributen während der LL-Syntaxanalyse durch sorgfältiges Kopieren der Attributwerte erläutert. Das Beispiel implementiert die syntaxgerichtete Übersetzung für die Codeerzeugung für *while* Anweisungen im laufenden Betrieb, die keine synthetisierten Attribute außer den Scheinattributen hat, die nur Markierungen darstellen. Es ist wie folgt definiert:

```
S → while ({L1=new(); L2=new(); C.false=S.next;
           C.true=L2; print("label", L1);}
       C)
       S₁
```

Im Abschnitt a der Abb. 2.7 wird der Anfangszustand dargestellt. Der Datensatz auf dem Stack gehört zu S und enthält nur das ererbte Attribut S.next, das den Wert X hat. Der Abschnitt b der gleichen Abbildung zeigt die Situation nach der Expandierung von S. Vor den Nichtterminalen C und S_1 befinden sich Aktionsdatensätze, die der syntaxgerichteten Übersetzung entsprechen. C speichert die Attribute der ererbten Attribute *false* und *true*, während S_1, wie alle S Datensätze, das Attribut *next* lagert. Mit einem „?" werden die Werte gekennzeichnet, die noch nicht bekannt sind. Da hier ein Top-Down Parsing vorgenommen wird, wird das obere Ende des Stacks auf der linken Seite dargestellt.

Als erstes holt sich der Parser *while* und „(" inklusive deren Datensätze aus dem Stack, so dass nun die erste Aktion oben liegt und ausgeführt werden muss. Aktion enthält unter anderem das Feld snext, welches eine Kopie des ererbten Attributs S.next beinhaltet. Wenn S vom Stack genommen wird, wird der Wert von S.next in das Feld snext zur Verwendung während der Auswertung der ererbten Attribute für C kopiert. Durch den Code von Aktion werden neue Werte für L1 und L2 auf L1=y und L2=z gesetzt. Nun wird z dem Wert von C.true zugwiesen. Der erste Aktionsdatensatz kopiert zudem L1 in das Feld al1 der zweiten Aktion, wo es zu Auswertung von S_1.next verwendet wird. Gleiches geschieht mit dem Feld L2, das notwendig ist, um die richtige Ausgabe zu drucken. Zum Schluss druckt der erste Aktionsdatensatz label y in die Ausgabe.

Nach dem Abrufen der Datensätze der ersten Aktion vom Stack, sieht der Stack wie in Abb. 2.8 aus.

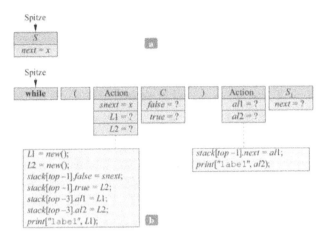

Abb. 2.7: Expandierung von S entsprechend der Produktion für die While-Anweisung

Den ererbten Attributen im Datensatz vom C und den temporären Feldern al1 und al2 in der zweiten Aktion wurden die richtigen Werte zugewiesen. Der Parser würde nun C expandieren. [ALSU07, S. 374]

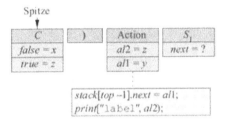

Abb. 2.8: Parser, nachdem die Aktion über C ausgeführt ist

Implementierung einer syntaxgerichteten Übersetzung zusammen mit einem LR-Parser

Eine L-attributierte Definition auf Basis einer LL-Grammatik kann mit Hilfe eines Bottom-Up-Parsers in eine LR-Grammatik konvertiert werden. Die Umwandlung der Grammatik führt Nichtterminale „Marker" ein, die auf dem Stack des Bottom-Up-Parsers erscheinen und ererbte Attribute von den Nichtterminalen weiter oben auf den Stack enthalten.

15

3 Typüberprüfung

In den Programmiersprachen spielt die Typisierung eine große Rolle, sogar bei Programmiersprachen wie Smalltalk-80 oder Lisp, die normalerweise ohne Typisierung auskommen. Aus dem Kontext eines Ausdrucks ergeben sich nämlich immer gewisse Anforderungen. Die Einhaltung dieser Anforderungen wird bei der Typüberprüfung kontrolliert. [BH98, S. 127]

Es sind folgende Typberechnungen zu unterscheiden - Typinferenz und Typüberprüfung. Typinferenz wird angewendet, wenn wenig oder keine Typinformationen explizit anzugeben sind, es wird die korrekte Verwendung der Definitionen sichergestellt. Typüberprüfung ihrerseits testet, ob die berechneten Typen mit Typangaben im Programm übereinstimmen. [BH98, S. 128]

Die Typüberprüfung bzw. Typkonsistenz gehört zu den zentralen Aufgaben der semantischen Analyse und ist ein Teil der statischen Prüfung. Die Sprachregeln dazu betreffen große Bereiche der abstrakten Syntax. Die Typüberprüfung eines Programms versichert, dass zur Ausführungszeit keine Operationen auf Operanden angewendet werden, auf die sie von ihren Argumenttypen her nicht zusammen passen. So können mögliche Programmfehler festgestellt werden. [WM97, S. 404]

Um eine Typüberprüfung durchführen zu können, müssen die einzelnen Komponenten eines Quellprogramms bestimmten Typausdrücken zugewiesen werden. Der Compiler muss aufgrund des Typsystems untersuchen, ob die Typausdrücke einer Reihe von logischen Regeln entsprechen, zum Beispiel, dass der Typ eines Konstrukts mit dem Typ zusammenpasst, der aufgrund des Kontextes des Konstrukts zu erwarten ist. Je nach der Art des Typsystems werden die starken oder schwachen typisierten Sprachen differenziert. Eine Typüberprüfung kann jedoch nicht nur im Sinne des Compilers benutzt werden, sondern auch zur Verbesserung der Systemsicherheit. [ALSU07, S. 374]

Die Typsysteme bzw. Typüberprüfer, die in diesem Kapitel erläutert werden, werden in einer syntaxgerichteten Weise definiert, so dass sie unter Verwendung der Techniken aus dem vorherigen Kapitel implementiert werden können.

3.1 Typsysteme

Eine Variable/Einheit kann während der Ausführung eines Programms verschiedene Werte einnehmen; ein Typ der Variable spezifiziert den möglichen Wertebereich und die darauf definierten Operationen der Variable. [WG85, S. 227] Der Typ eines Sprachkonstrukts wird durch den Typausdruck definiert. Typen werden für die Speicherverwaltung und für die Vermeidung von Laufzeitfehlern gebraucht. Ein Typausdruck kann entweder ein einfacher Typ sein oder durch Anwendung eines Operators auf Basis andere Typausdrücke gebildet sein. [ALSU86, S. 423] Typen werden durch Typausdrücke beschrieben. Die Menge der Typausdrücke enthält Basistypen, Typkonstruktoren und Typnamen. Es gibt zwei Formen der Typisierung - die statische und die dynamische Typisierung. Bei der statischen Typisierung kann der Typ aller Ausdrücke schon zur Übersetzungszeit bestimmt werden, so dass während der Laufzeit des Programms keine Typüberprüfung mehr notwendig ist. Bei der dynamischen Typisierung kann der Typ einzelner Ausdrücke erst zur Laufzeit bestimmt werden. Ein Beispiel hierfür ist die Programmiersprache Scheme. [BH98, S. 128]

Der fundamentale Zweck eines Typsystems ist die Vermeidung von Laufzeitfehlern, indem es zum Beispiel Typverletzungen erkennt. Bestandteile eines Typsystems sind zum ersten die Typen, die mittels einer Typdefinition erzeugt sind oder ein fester Bestandteil einer bestimmten Sprache sind. Zum zweiten ist es die Möglichkeit, Programmelemente mit einem bestimmten Typ zu deklarieren. Und zum dritten sind es die Regeln sowohl zur Prüfung der Typkorrektheit als auch um Werte von Ausdrücken einem Typ zuzuordnen. Grob gesagt, besteht ein Typsystem aus einer Sammlung von Regeln zur Zuweisung von Typausdrücken den verschieden Teilen eines Programms. [LC97, S.1] Eine konkrete Definition eines Typsystems ist die von Benjamin Pierce:

„A type system is a tractable syntactic method for proving the absence of certain program behaviors by classifying phrases according to the kinds of values they compute." [BP02, S.1]

Sowie die Typisierung unterscheidet sich auch die Typüberprüfung in statische und dynamische Prüfungen. Eine Prüfung, die durch einen Compiler durchgeführt wird, wird als eine statische Prüfung bezeichnet, da sie während der Übersetzungszeit durchgeführt wird. Wenn aber die Prüfung zur Laufzeit des Programms stattfindet, wird sie als dynamische Prüfung bezeichnet. Allgemein sind statische Typprüfungen

17

vorteilhafter, da sie sowohl die Laufzeitfehler als auch die möglicherweise schwer
auffindbaren Folgefehler ausschließen. Ein Nachteil von statischer Typüberprüfung ist
das Verhindern des Programmcodes, der eigentlich typkorrekt ist und bei der Laufzeit
keine Fehler verursachen würde. Folgender Code ist ein Beispiel dafür:

```
if <complex test> the 5 else <type error>
```

Dieses Programm wird als Fehlerhaft bewertet, auch wenn der <complex test> im
Normalfall immer als wahr ausgewertet wird. Das Problem ist, dass die statische
Typüberprüfung dies nicht wissen bzw. voraussagen kann. Um das Laufzeitverhalten
von Programmen bei der Typüberprüfung zu berücksichtigen, müssten Typsysteme sehr
komplex werden, was aber die Typsysteme schwer handhabbar und damit anfälliger für
Fehlverwendungen machen würde. Ein gutes Typsystem sollte deshalb ein Kompromiss
zwischen statischer und dynamischer Prüfung sein, da die dynamische Prüfung die
Flexibilität der Programmiersprachen bewahrt. [BP02, S.3]

3.2 Regeln für die Typüberprüfung

Typsynthese und Typinferenz

Eine Typüberprüfung kann zwei Formen annehmen: Synthese und Inferenz. Im Falle
der Typsynthese wird der Typ eines Ausdrucks von den Typen seiner Teilausdrücke
abgeleitet. Der Typ einer Summe wird in Bezug auf ihre Summanden definiert. Eine
typische Regel für die Typsynthese hat das folgende Format:

```
If f hat den Typ s → t and x hat den Typ s
Then hat Ausdruck f(x) den Typ t
```

Bei der Typinferenz wird anhand seiner Verwendungsweise der Typ eines
Sprachkonstrukts ermittelt. Die Typinferenz ist für die Sprachen notwendig, wo Typen
geprüft werden, Namen jedoch nicht deklariert werden müssen. Diese Eigenschaft wird
durch folgendes Beispiel erläutert:

```
fun length (x) =
    if null (x) then 0 else length (tl(x)) +1
```

Die Funktion null testet, ob eine Liste leer ist; ihre Verwendung als null(x) sagt aus, dass x eine Liste sein muss. [ALSU07, S. 469] Eine repräsentative Typinferenz hat das folgende Format:

```
if f(x) ist ein Ausdruck,
    then hat f für ein beliebiges α und β den Typ α → β
    and x hat den Typ α
```

Typumwandlungen

Im Falle, dass eine Variable x vom Typ float und eine Variable i vom Typ interger addiert werden sollen, kann es sein, dass eine von den beiden Variablen konvertiert werden muss, um die Operation + durchführen zu können. Der Grund dafür ist, dass Interger- und Fließkommawerte auf einem Computer unterschiedlich dargestellt werden und somit auch verschiedene Maschinenbefehle für Interger- und Fließkommaoperationen verwendet werden.

Die Sprachdefinition erläutert welche Umwandlungen notwendig sind. Der Typüberprüfer in einem Compiler fügt die Umwandlungsoperationen in die Zwischencodedarstellung des Quellprogramms ein. Wenn die Konvertierung automatisch vom Compiler durchgeführt wird, handelt es sich um eine implizite Typkonvertierung. Der folgende Code zeigt, wie die semantische Aktion zur Überprüfung von $E \rightarrow E_1 + E_2$ aussieht.

```
E → E₁ +  E₂ { E.type = max (E₁.type, E₂.type);
              a1 = widen (E₁.addr, E₁.type, E.type);
              a2 = widen (E₂.addr, E₂.type, E.type);
              E.addr = new Temp ();
              Gen (E.addr „=" a₁ „+" a₂);
              }
```

Die Funktion wide (a,t,w) führt die Typkonvertierung durch, um den Inhalt der Adresse a von Typ t zu einem Wert von Typ W zu erweitern. [ALSU07, S. 473]

Polymorphe Funktionen

Der Begriff *polymorph* bezeichnet Codefragmente bzw. Funktionen, die mit Argumenten verschiedener Typen ausgeführt werden können. Konkrete Angaben über die Menge von Typen, die auf eine Funktion angewendet werden können, werden mit Hilfe des Symbols ∀ gemacht. Im folgenden Codefragment wird diese Anwendung dargestellt: [ALSU86, S. 451]

$$\forall a.pointer \ (\alpha) \rightarrow \alpha$$

Überladen von Funktionen und Operatoren

Einige Operatoren wie zum Beispiel + werden als überladen bezeichnet, wenn sie mehr als eine Bedeutung besitzen. Die Auswahl der richtigen Bedeutung entscheidet sich aufgrund von Argumenttypen. Ist die Bedeutung ermittelt, wird für das Argument, das noch nicht den richtigen Typ hat, eine Typumwandlung durchgeführt. [ALSU07, S. 473] Im Folgenden wird eine Typsyntheseregel für überladene Funktionen dargestellt:

```
if f kann den Typ sᵢ → tᵢ, für 1 ≤ i ≤ n, mit sᵢ  sⱼ für i  j
haben
and x hat den Typ sₖ für einige 1≤ k ≤ n
then Ausdruck f(x) hat den Typ tₖ
```

3.3 Spezifikation eines einfachen Typüberprüfers

Die Information über die syntaktischen Konstrukte einer Sprache, die Begriffe der Typen und die Regeln zum zuordnen der Typen zu den Sprachkonstrukten sind die Elemente, die benötigt werden, um einen Typüberprüfer generieren zu können. Ein Typüberprüfer ist die Implementierung eines Typsystems. Der Typüberprüfer an sich ist ein Übersetzungsschema, das den Typ jedes Ausdrucks aus den Typen seiner Teilausdrücke zusammensetzt. [ALSU86, S. 423]

Im folgenden Abschnitt wird ein Typüberprüfer für eine einfache Sprache definiert. In dieser Sprache muss der Typ jedes Bezeichners festgelegt sein, bevor der Bezeichner benutz wird.

Die Sprache, die in der Abb. 3.1 dargestellt ist, generiert Programme, die aus einer Sequenz von Deklarationen D gefolgt von einem einzigen Ausdruck E geformt sind. Die Sprache besitz zum Anzeigen von Fehlern drei einfache Typen - char, integer und type_error.

In dem Übersetzungsschema, das ebenfalls in Abb. 3.1 zu sehen ist, speichert die Aktion, die mit der Funktion D→ id : T verbunden ist, einen Typ in einem Eintrag einer Symboltabelle. T char oder interger weisen den T.type einen entsprechenden Wert zu.

In den folgenden Abschnitten werden die Regeln zur Typüberprüfung von Ausdrücken, Anweisungen und Funktionen beispielhaft dargestellt, wobei die Regeln zur Typüberprüfung von Anweisungen genauer erläutert werden.

Grammatik	Übersetzungsschema (teilweise)	
P → D ; E	P → D ; E	
D → D ; D | id : T	D → D ; D	
T → char|integer|array[num]of T|↑T	D → id : T	{addtype(id.entry, T.type)}
E → literal|num|id|E mod E|E [E]|E ↑	T → char	{T.type := char}
	T → integer	{T.type := integer}
	T → ↑ T₁	{T.type := pointer(T.type)}
	T → array [num] of T {T.type := array(1..num.val, T.type)}	

Abb. 3.1: Grammatik einer Quellsprache und eine Übersetzungsschema, das den Typ eines Bezeichners abspeichert

Typüberprüfung von Ausdrücken

Folgende Regeln geben das synthetisierte Attribut type von E den Typausdruck wieder, der von dem Typsystem dem E generierten Ausdruck zugewiesen wird. Die folgenden beiden Regeln besagen, dass Konstante, die durch literal und num repräsentiert werden, den Typ char bzw. integer besitzen müssen.

```
E→literal    {E.type := char}
E→num        {E.type :=integer}
E→ E₁ mod E₂ {E.type := if E₁.type =  integer and
                          E₂.type = integer then integer
                          else type_erro}
```

Typüberprüfung von Anweisungen

Anweisungen haben normalerweise keine Werte, deshalb werden sie dem Typ void zugewiesen. Falls innerhalb einer Anweisung ein Fehler auftaucht, wird die Anweisung dem Typ type_error zugewiesen.

```
S→ id := E    {S.type := if id.type = E.type then void
                          else type_error}
S→if E then S₂ {S.type := if E.type = boolean then S₂.type
                          else type_error}
S→while E do S₁{S.type := if E.type = boolean then S₁.type
                          else type_error}
S→ S₁; S₂     {S.type := if S₁.type = void and
                          S₂.type = void then void
                          else type_error}
```

Die erste Regel überprüft, ob auf den beiden Seiten einer Zuweisung der gleiche Typ vorhanden ist. Die zweite und dritte Regel definieren, dass die Ausdrücke in Verzweigungen und Schleifen den Typ boolean haben müssen.

21

Typüberprüfung von Funktionen

$T \rightarrow T_1 \;„\rightarrow``\; T_2$ {T.type :=T_1.type → T_2.type}

$E \rightarrow E_1(E_2)$ {E.type := if E_2.type = s and

                                  E_1.type = s → t then t

                          else type_error}

4 Zusammenfassung

Die vorliegende Arbeit bot eine kompakte Einführung in die Grundlagen und Techniken des Compilerbaus an. Wie es in der Einleitung erläutert wurde, besteht ein Compiler aus mehreren Phasen. Schwerpunkt der Arbeit waren die syntaxgerichtete Übersetzung und die Typüberprüfung, die zu den Phasen der syntaktischen und der semantischen Analyse eingeordnet werden können.

Die syntaxgerichtete Übersetzung generiert aus gegebenen Parse-Bäumen die Programme der Zielsprache der Übersetzung. Der allgemeine Ansatz für die syntaxgerichtete Übersetzung ist, einen Parse-Baum mit dem Zweck zu bauen, die Knoten aufzusuchen und die Werte der Attribute an den Knoten des Baumes zu berechnen. Um dies zu erreichen, müssen semantische Regeln mit Produktionen verbunden werden. Es gibt zwei Notationen, die diesen Prozess ermöglichen, die syntaxgerichtete Definition und die Übersetzungsschemata. Die syntaxgerichtete Definition verbirgt viele Implementierungsdetails und ist somit lesbarer und nützlicher für Spezifikationen. Die Übersetzungsschemata legt die Reihenfolge fest, in der die semantischen Regeln ausgeführt werden sollen, und zeigt einige Implementierungsdetails. Es ist daher effizienter und besser geeignet für die Implementierung. Konzeptionell gesehen, werden sowohl die syntaxgerichtete Definition als auch die Übersetzungsschema dafür gebraucht, den Eingabezeichen Strom zu analysieren, den Syntaxanalysebaum zu bilden und so durchzulaufen, dass die semantischen Regeln an den Knoten des Syntaxanalysebaumes ausgewertet werden.

Zwei Arten der Attribute einer syntaxgerichteten Übersetzung wurden in der Arbeit besprochen, die synthetischen Attribute und die vererbten Attribute. Die wichtigsten Merkmale dieser Attribute wurden in der Tab. 4.1 zusammengefasst.

Merkmale	Synthetische Attribute	Vererbte Attribute
Nichtterminal-Attribute	Definiert durch aktuellen Knoten und Kinderknoten	Definiert durch aktuellen Knoten, Elternknoten und Zwillingsknoten
Terminal-Attribute	Definiert durch den lexikalischen Wert bei der lexikalischen Analyse	-
Merkmals-Bewertung	Auswertung in button-up Richtung (z.B. postorder Traversierung)	Auswertung in Beachtung der semantischen Reihenfolge/Abhängigkeit

Tab. 4.1: Zusammenfassung der Merkmale für synthetisierte und vererbte Attribute

Es wurden ebenso zwei Klassen von syntaxgerichteten Übersetzungen untersucht, L-attributierte und S-attributierte Übersetzungen. Ein großer Vorteil der L-attributierten Übersetzungen ist, dass die Übersetzung schon während des Parsens ausgeführt werden kann, ohne explizit einen Baum aufbauen zu müssen. Eine Zusammenfassung der einzelnen Merkmale ist in der Tab. 4.2 dargestellt.

Merkmale	S-Attributierte	L-Attributiert
Zulässige Merkmale	Alle Attribute sind synthetisiert	Attribute sind synthetisiert oder vererbt; vererbte Attribute sind mit dem Regelkopf verbunden synthetisierte oder vererbte Attribute sind schon bekannt (links) synthetisierte oder vererbte Attribute der aktuellen Regel sind ohne Zyklen
Mögliche Verfahren	bottum-up mit LR-parsertauglicher Grammatik	top-down mit LL-parsertauglicher Grammatik
Bewertungs-Reihenfolge	Postorder Traversierung	Call-Graph äquivalent zum Abhängigkeitsgraphen

Tab. 4.2: Zusammenfassung der Merkmale für S und L-attributierte Übersetzungen

Die syntaxgerichteten Übersetzungstechniken sind die Basis für die Typüberprüfung, die im zweiten Teil der Arbeit besprochen wurde. Die Typüberprüfung eines Programms versichert, dass zur Ausführungszeit keine Operationen auf Operanden angewendet werden, auf die sie von ihren Argumenttypen her nicht zusammen passen. So können mögliche Programmfehler festgestellt werden. Wichtig bei der Typüberprüfung sind die Unterschiede sowohl zwischen typisierten und nicht typisierten Sprachen, als auch zwischen den statischen und dynamischen Typprüfungen. Bei dem Compiler ist die statische Typüberprüfung von großer Bedeutung. Neben dem Gebrauch im Compilerbau spielen die Typüberprüfungskonzepte bei der Verbesserung der Systemsicherheit (Fehlerüberprüfung) eine große Rolle.

Literaturverzeichnis

[ALSU86] Alfred V. Aho, Monica S. Lam, Ravi Sethi, Jeffrey D. Ullman: Compilers, Addison Wesley, 1986.

[ALSU07] Alfred V. Aho, Monica S. Lam, Ravi Sethi, Jeffrey D. Ullman: Compilers, Pearson, 2007.

[BH98] Bernhard Bauer, Riitta Höllerer: Übersetzung objektorientierter Programmiersprachen, Springer, 1998.

[BP02] Benjamin C. Pierce: Types and Programming Languages, Mit Pr, 2002.

[GE99] Ralf Hartmut Güting, Martin Erwing: Übersetzerbau, Springer, 1999.

[LC97] Luca Cardelli: Type Systems, 1996, http://www.cs.purdue.edu/homes/jv/smc/pubs/cardelli-crc96.ps.

[LS97] Michael Lutz, Franz Josef Schmitt: Vom Prozessor zum Programm, Carl Hanser, 1997.

[UK90] Uwe Kastens, Übersetzerbau, Oldenburg, 1990.

[WG85] William M. Waite, Gerhard Goos: Compiler Construction, Springer, 1985.

[WM97] Reinhard Wilhelm, Dieter Mauer: Übersetzerbau, Springer, 1997.